THE STONES OF CHILE
PABLO NERUDA

Translated by Dennis Maloney

WHITE PINE PRESS

Translation ©1986 by Dennis Maloney

Some of these poems have appeared in *Willow Springs,*
Windows That Open Inward: Images of Chile and other
periodicals.

ISBN 0-934834-01-6

Cover Drawing by Joan Root

Publication of this book was made possible, in part, with grants
from the City of Buffalo and the New York State Council of the Arts.

Published by White Pine Press
                76 Center Street
                Fredonia, New York 14063

DEDICATION

For the voice of Victor Hara
and the other voices of Chile
silenced in the stadium and since
including Rodrigo Rojas
scattered to the wind
may they one day return home
to live again

ACKNOWLEDGEMENTS

I wish to thank the Witter Bynner Foundation for Poetry which awarded me a grant to support the editing and translation of this volume. I would also like to thank Bruce Larson who worked on the initial translation of many of these poems as part of a student translation project, under my direction, at Jamestown Community College and to Kathleen Johnson, the director of the Spanish program. Special thanks and gratitude to Cecelia Vicuna and William O'Daly for their valuable comments and suggestions on the final manuscript.

CONTENTS

INTRODUCTION

Pablo Neruda came to Isla Negra, on the seacoast of Chile, in 1939, upon returning from Europe after the fall of the Spanish Republic. In those last months during the end of the Spanish Civil War, Neruda arranged for the exodus of over 2,000 Spanish refugees to Chile.

At Isla Negra Neruda found " . . . the coast was strewn with these extraordinary presences of stone and they spoke to me in a hoarse and drenching language, a jumble of marine cries and primal warnings." Due to travel and obligations elsewhere, it was some years before he began work on this book of stones. First published in 1961, **The Stones of Chile** is both a public and a private statement. From his walks along the rough shore poems are born out of the shapes of boulders, shapes and spirits of animals, birds and men, and created out of the solitude of sea, stone and wind.

Here, Neruda looks at nature from all sides integrating into his narrative history, myth, geography and botany with details of the Chilean coast. In **The Stones of Chile** we find a mature Neruda, at the height of his powers, addressing the broad range of concerns that have occupied his poetic voice. Hope is coupled with sadness as the poet describes the stark landscape of Chile with its few fertile valleys, desolate north coast, rain forests in the south and its powerful and awesome mountain ranges.

Neruda's love of the land allows him to accept its nakedness and poverty while rejoicing in the mythical origins of its stones, and in the men and animals born on those stones. He finds in nature a lifeforce overpowering the impermanence of human existence; a force enduring and constant.

Neruda's own life ended at Isla Negra on September 23, 1973, of cancer, days after the assassination of Salvador Allende, the elected president of Chile, and the overthrow of the government by the military. Neruda's own long struggle for the workers and the Chilean people collapsed in a river of repression, death, and persecution by the military junta which continues to rule.

Dennis Maloney
August, 1986

SOME WORDS FOR A BOOK OF STONE

This stony book, born in the desolate coastlands and mountain ranges of my country, was abandoned in my thoughts for twenty years. It wasn't possible to write it then for wandering reasons and the tasks of every year and day.

It is the poet who must sing with his countrymen and give to man all that is man: dream and love, light and night, reason and madness. But let's not forget the stones! We should never forget the silent castles, the bristling, round gifts of the planet. They fortify citadels, advance to kill or die, adorn our existence without compromise, preserving the mysteries of their ultraterrestrial matter, independent and eternal.

My compatriot, Gabriela Mistral, said once that in Chile it is the skeleton that one sees first, the profusion of rocks in the mountains and sand. As nearly always, there is much truth in what she said.

I came to live in Isla Negra in 1939 and the coast was strewn with these extraordinary presences of stone and they spoke to me in a hoarse and drenching language, a jumble of marine cries and primal warnings.

Because of this, the book, adorned with the portraits of creatures of stone, is a conversation that I open to all the poets of the earth, so that it may be continued by all in order to encounter the secret of stone and of life.

— Pablo Neruda

HISTORIA

Para la piedra fue la sangre,
para la piedra el llanto,
la oración, el cortejo:
la piedra era el albedrío.

Porque a sudor y a fuego hicieron
nacer los dioses de la piedra,
y luego creció San de la lluvia,
San Señor de las batallas,
para el maíz, para la tierra,
dioses pájaros, dioses serpientes,
fecundadores, aciagos,
todos nacieron de la piedra:
América los levantó
con mil pequeñas manos de oro,
con ojos que ya se perdieron
borrados por sangre y olvido.

Pero mi patria era de luz,
iba y venía solo el hombre,
sin otros dioses que el trueno:

y allí creció mi corazón:
yo vengo de la Araucanía.

Era vegetal y marina,
diurna como los colibríes,
colorada como un cangrejo,
verde como el agua en Octobre,
plateada como el pejerrey,
montaraz como una perdiz,
y más delgada que una flecha,
era la tierra austral, mordida
por los grandes vientos del cielo,
por las estrellas del mar.

En Chile no nacen los dioses,
Chile es la patria de los cántaros.

HISTORY

For stone was the blood,
for stone the weeping,
the prayer, the procession:
stone was free will.

Because in sweat and in fire
the gods of stone were born
and then the saint of rain grew,
the lord of the struggles
for the corn, for the earth,
bird gods, serpent gods,
the fertile, the unfortunate,
all were born of stone:
America raised them
with a thousand small golden hands,
with eyes lost already,
clouded with blood and neglect.

But my country was of light,
a man alone came and went,
without other gods than thunder:

and there my heart grew:
I came from Araucania.

It was plant and seashore,
diurnal like the hummingbirds,
red like the crab,
green as water in October,
silvery as small fish,
wild as a partridge,
and thinner than an arrow
was the southern land, worn away
by the great winds of the sky,
by the stars of the sea.

In Chile gods are not born,
Chile is the home of quarries.

Por eso en las rocas crecieron
brazos y bocas, pies y manos,
la piedra se hizo monumento:
lo cortó el frío, el mes de Junio
le agregó pétalos y plumas
y luego el tiempo vino y vino,
se fue y se fue, volvió y volvió,
hasta que el más deshabitado,
el reino sin sangre y sin dioses,
se llenó de puras figuras:

la piedra iluminó mi patria
con sus estatuas naturales.

So, in the rock grew
arms and mouths, feet and hands,
the stone became a monument:
it cut open the cold, the month of June
added petals and feathers
and then time came and arrived,
left and returned, returned and left,
until it deserted,
the kingdom without blood and without gods,
filled with pure figures:

Stone illuminated my country
with its natural statues.

TORO

El más antiguo toro cruzó el día.
Sus patas escarbaban el planeta.
Siguió siguió hasta donde vive el mar.
Llegó a la orilla el más antiguo toro.
A la orilla del tiempo, del océano.
Cerró los ojos, lo cubrió la hierba.
Respiró toda la distancia verde.
Y los demás lo construyó el silencio.

THE BULL

The oldest bull crossed the day.
His legs scratched the planet.
He continued, traveling to where the sea lives.
He reached the shore, the oldest bull.
On the edge of time, the ocean.
He closed his eyes and grass covered him.
He breathed the whole green distance.
And silence built the rest.

LOS NAUFRAGOS

Los náufragos de piedra cantaban en la costa
y era de sal radiante la torre que cantaban
se elevó gota a gota hasta que fue de agua,
de burbuja en burbuja hasta subir al aire.

Los náufragos que convirtió en piedra el olvido
(no un olvido, sino todo el olvido),
los que esperaron semisumergidos
terrestre auxilio, voces, brazos, vino, aspirina,
y recibieron sólo cangrejos infernales,
se hicieron duros muertos con ojos de granito
y allí están diseminadas sus estatuas,
sus informes, redondas, solitarias estatuas.

Pero aprendieron a cantar. Lentamente
surgió la voz de todos los náufragos perdidos.
Es un canto de sal como una ola,
es un faro de peidras invisibles:
las piedras paralelas
miran hacia los rayos de Oceanía,
hacia el mar erizado,
hacia el sinfín sin naves ni países.

THE SHIPWRECKED

Shipwrecks of stone sang on the coast
and the tower they sang was radiant salt
raising itself drop by drop until it turned into water,
bubble by bubble climbing to the air.

The shipwrecked that oblivion turned to stone
(not an oblivion but all the oblivion),
those that hoped, partly submerged, for
earthly help, voices, shoulders, wine, aspirin,
and only received infernal crabs,
they became the stiff dead ones with granite eyes
and here their statues were scattered,
their formless, round, solitary statues.

Yet they learned to sing. Slowly
the voice of all the shipwrecked rose.
It was a song of salt like a wave,
it was a lighthouse of invisible stones:
parallel stones
looking towards the lightning bolts of oceania,
towards the bristling sea,
towards the infinite without boats or countries.

Un sol cayó elevando
la espada verde de su luz postrera,
otro sol cayó abajo
de nube en nube hasia el invierno,
otro sol
atravesó las olas,
los penachos bravios
que levantan la cólera y la espuma
sobre las irritadas
paredes de turquesa
y allí las moles puras:
hermanas paralelas,
atalantes inmóviles
detenidas
por la pausa del frío,
agrupadas adentro de su fuerza
como leonas en roca convertidas,
como proas que siguen sin océano
la dirección del tiempo,
la cristalina eternidad del viage.

A sun fell, lifting
the green sword of its last light,
another sun fell beneath
from cloud to cloud towards winter,
still another sun
crossed the waves,
savage plumes
that lifted anger and seafoam
over the irritated
walls of turquoise
and there in the huge mass:
parallel sisters,
immobile,
detained
by the rest of the cold,
clustered within its force
like lionesses transformed into rock,
like prows that go on without ocean
in the direction of the time,
the crystalline eternity of the journey.

SOLEDADES

Entre las piedras de la costa, andando,
por la orilla de Chile,
más lejos
mar y mar, luna y sargazo,
la extensión solitaria del planeta.

Costa despedazada
por el trueno,
carcomida
por los dientes de cada nueva aurora,
gastada por el largo movimiento
del tiempo y de las olas:
aves lentas circulan,
plumas color de hierro,
y se sabe que aquí termina el mundo.
Nadie lo dice porque
nadie existe,
no está escrito, no hay números ni letras,
nadie pisó esta arena oscura
como polen de plomo:
aquí nacieron flores desoladas,
plantas que se expresaron con espinas
y con súbitas flores
de pétalos furiosos.
Nadie ha dicho que ya no hay territorio,
que aquí comienza el vacío,
el antiguo vacío tutelar
con catástrofe, sombra
y sombra, sombra, sombra:
así es la costa dura que camino
de Sur a Norte a Oeste, a soledades.

SOLITUDES

Among the stones of the coast, walking,
by the shore of Chile,
farther off
sea and sea, moon and sea grass,
the lonely expanse of the planet.

The coast broken
by thunder,
consumed
by the teeth of every dawn,
worn by great stirrings
of weather and waves:
slow birds circle,
with iron-colored feathers
and they know that here the world ends.
No one said why,
no one exists,
it isn't written, there are no numbers or letters,
no one trampled the obscure sand
like lead pollen:
here desolate flowers were born,
plants that expressed themselves with thorns
and sudden blossoms
of furious petals.
No one said there wasn't any territory,
that here the void begins,
the ancient emptiness that guides
with catastrophe, darkness
and shadow, darkness, shadows:
so it is the rough coast, that road
of south to north to west, to solitude.

Bella virtud la del conflicto
que agua y espuma erigen
en este largo límite:
se edificó como una flor la ola
y repite su forma de castillo,
su torre que decae y desmenuzza
para crecer de nuevo palpitando
como si pretendiera
poblar la oscuridad con su hermosura,
llenar de luz el abismo.

Caminando
desde el final antártico
por piedra y mar, apenas
diciendo una palabra,
sólo los ojos hablan y descansan.

Innumberable soledad barrida
por viento y sal, por frío,
por cadenas,
por luna y maremoto:
debo contar la desdentada estrella
que aquí se hizo pedazos,
recoger los fragmentos
de piedra, hablar
sin nadie, hablar con nadie,
ser y no ser en un solo latido:
yo soy el centinela
de un cuartel sin soldados,
de una gran soledad llena de piedras.

Beautiful virtue, that of conflict,
that water and seafoam erect
along this long border:
the wave reconstructing itself like a flower,
repeating its castle-like form,
its tower that decays and crumbles
only to grow beating anew
like it sought
to populate the darkness with its beauty,
to fill the abyss with light.

Walking
from the final antarctic
by stone and sea, hardly
saying a word,
only the eyes speak and rest.

Innumerable solitude swept
by wind and salt, by cold,
by chains,
by moon and tides:
I must recall the toothless star
that here collapsed,
to gather the fragments
of stone, to hear
no one and speak with no one,
to be and not be a solitary motion of the heart:
I am the sentinel
of a barracks without soldiers,
of a great solitude filled with stones.

PIEDRAS DE CHILE

Piedras locas de Chile, derramadas
desde las cordillaeras,
roquerios
negros, ciegos, opacos,
que anudan
a la tierra los caminos,
que ponen punto y piedra
a la jornada,
rocas blancas
que interrumpen los ríos
y suaves son
besadas
por una cinto
sísmica
de espuma,
granito
de la altura
centelleante
bajo
la nieve
como un monasterio,
espinazo
de la más
dura
patria
o nave
inmóvil,
proa
de la tierra terrible,
piedra, piedra infinitamente pura,
sellada
como
cósmica paloma,
dura de sol, de viento, de energía,
de sueño mineral, de tiempo oscuro,
piedras locas,
estrellas
y pabellón

THE STONES OF CHILE

Mad stones of Chile, pouring
from mountain ranges,
full of rocks
black, blind, opaque,
that joined
roads to the earth,
that placed time and stone
by the day's journey,
white rocks
that interrupt the rivers
and are kissed
smooth
by a seismic
ribbon of seafoam,
granite
of the glimmering
high seas
beneath
the snow
like a monastery,
backbone
of the
strongest
country
or unmovable
ship,
prow
of the terrible earth,
stone, infinitely pure stone,
sealed
like
a cosmic dove,
stiff from sun, from wind, from energy,
from mineral dream, from dark time,
crazy stones,
stars
and pavilion

dormido,
cumbres, rodados, rocas:
siga el silencio
sobre
vuestro
durísimo silencio,
bajo la investidura
antártica de Chile,
bajo
su claridad ferruginosa.

slept,
rolling peaks, cliffs:
knew the stillness
around
your lasting silence,
beneath the Antarctic
mantle of Chile,
beneath
your iron clarity.

CASA

Tal vez ésta es la casa en que viví
cuando yo no existí ni había tierra,
cuando todo era luna o piedra o sombra,
cuando la luz inmóvil no nacía.
Tal vez entonces esta piedra era
mi casa, mis ventanas o mis ojos.
Me recuerda esta rosa de granito
algo que me habitaba o que habité,
cueva o cabeza cósmica de sueños,
copa o castillo o nave o nacimiento.
Toco el tenaz esfuerzo de la roca,
su baluarte golpeado en la salmuera,
y sé que aquí quedaron grietas mías,
arrugadas sustancias que subieron
desde profundidades hasta mi alma,
y piedra fui, piedra seré, por eso
toco esta piedra, y para mí no ha muerto:
es lo que fui, lo que seré, reposo
de un combate tan largo como el tiempo.

HOUSE

Perhaps this is the house I lived in
when neither I nor earth existed,
when all was moon or stone or darkness,
when still light was unborn.
Perhaps then this stone was
my house, my windows or my eyes.
This rose of granite reminds me
of something that dwelled in me or I in it,
a cave, or cosmic head of dreams,
cup or castle, ship or birth.
I touch the stubborn spirit of rock,
its rampart pounds in the brine,
and my flaws remain here,
wrinkled essence that rose
from the depths to my soul,

and stone I was, stone I will be. Because of this
I touch this stone, and for me it hasn't died:
it's what I was, what I will be, resting
from a struggle long as time.

LA ESTATUA CIEGA

Hace mil veces mil
años de piedra
yo fui picapedrero
y esto fue lo que hice,
golpeando
sin manos
ni martillo,
abriendo
sin cincel,
mirando el sol sin ojos,
sin ser,
sin existir sino en el viento,
sin otro pensamiento que una ola,
sin otras herramientas
que el tiempo,
el tiempo,
el tiempo.

Hice la estatua ciega
que no mirara,
que allí
en la desolada
arena
mantuviera su mole
como mi monumento:
la estatua
ciega
que aquel primer hombre
que salió de la piedra.
el hijo de la fuerza,
el primero
que cavó, tocó, impuso
su creación perdida,
buscó el fuego.

THE BLIND STATUE

It's been thousands and thousands of
years of stone.
I was a stonecutter
and this is what I did
striking
without hands
or hammer,
piercing
without chisel,
staring into the sun without eyes,
without being,
without existence but in the wind,
with only a wave for my thought,
without tools other
than time,
the time,
the passing time.

I sculpted the statue blind
so that she wouldn't see,
that there
in the desolate
sand
she would keep her mass
like my monument:
the blind
statue
which the first man
that departed from stone,
the son of power,
the first
that dug, touched and imposed on
its lost creation,
searching for fire.

Y así nací, desnudo,
y azul picapedrero,
a lo largo de costas en tinieblas,
de ríos aún oscuros,
en cuevas azotadas por la cola
de los saurios sombríos,
y me costó encontrarme,
hacerme manos,
ojos, dedos, buscar
mi propia sangre,
y entonces mi alegría
se hizo estatua:
mi propia forma que copié golpeando
a través de los siglos en la piedra.

And I was born, naked
and blue, a stonecutter,
lengthwise from shores in darkness
from rivers still unknown,
in caves lashed by the tails
of somber lizards,
and it was hard to encounter myself,
to become hands,
eyes, fingers, seeking
my own blood,
and then my joy
became a statue:
my own form that I had copied
striking across the centuries in stone.

EL MARINERO MUERTO

El marinero herido
por los mares,
cayó al antiguo abismo,
al sueño del sargazo.
Luego lo despeñaron
desde el viento
y la sal iracunda
diseminó su muerte.

Aquí está su cabeza.

La piedra conservó sus cicatrices
cuando la noche
dura
borró su cuerpo. Ahora permanece.

Y una planta del mar besa su herida.

THE DEAD SAILOR

The sailor wounded
by the seas,
fell into the ancient abyss,
into the sargasso's dream.
Immediately, he was hurled down
from wind
and the angry salt
scattered his death.

Here is his head.

The stone preserved his scars
when the hard
night
wore away his body. Now he remains.

And a sea plant kisses his wound.

BUEY

Animal de la espuma
caminando
por noche, día,
areña.
Animal
del otoño
andando
hacia el antiguo
olor del musgo,
buey dulce
en cuya barba
florecieron las rocas
del subsuelo
y se armó el terremoto
de truenos y pisadas,
rumiando las tinieblas,
perdido
entre relámpagos,
mientras vive la espuma,
mientras el día
saca
las horas de su torre,
y desploma la noche
sobre el tiempo
su oscuro saco frío,
temblorosa.

OX

Creature of seafoam
traveling
by night, day,
sand.
Animal
of autumn
walking
towards the ancient
scent of moss,
sweet ox
in whose beard
flowered rocks
of the subsoil,
and where the earthquake armed itself
with thunder and footsteps,
ruminating the darkness,
lost
between lighting flashes,
while seafoam lives,
while the day
extracts
the hours from its tower
and the night collapses,
over time
her dark cold sack,
trembling.

EL ARPA

Iba sola la música. No había pluma, pelo,
leche, humo, nombres, no era noche ni día,
sola entre los planetas naciendo del eclipse
la música temblaba como una vestidura.
De pronto el fuego, el frío cuajaron una gota
y plasmó el universo su extenso escaparate,
lava, ceniza hirsuta, resbaladiza aurora,
todo fue trasmigrando de dureza en dureza,
y bajo la humedad recién celeste
estableció el diamante su helada simetría.
Entonces el sonido primordial,
la solitaria música del mundo
se congeló y cayó convertida en estrella,
en arpa, en cítara, en silencio, en piedra.

Por la costa de Chile, con frío, y en invierno,
cuando cae la lluvia lavando las semanas,
oíd: la soledad vuelve a ser música,
y no sé, me parece, que el aire, que la lluvia,
que el tiempo, algo con ola y alas,
pasa, crece. Y el arpa despierta del olvido.

THE HARP

Only the music came. There was no feather, hair,
milk, smoke or names. Neither night or day.
Alone between the planets born from the eclipse
music trembled like cloth.
Suddenly fire and cold coagulated in a drop
and the universe moulded its extensive display,
lava, bristling ashes, slippery dawn,
everything was transformed from hardness to hardness,
and under the dampness newly celestial,
established the diamond with its symmetrical frost.
Then the primal sound,
the solitary music of the world
congealed and fell changing into a star,
a harp, a zither, silence, stone.

Along the Chilean coast, with cold and winter,
when rain falls washing the weeks.
Listen: solitude becomes music once more,
and it seems its appearance is that of air, of rain,
that time, something with wave and wings, passes by,
grows. And the harp awakes from oblivion.

TEATRO DE DIOSES

Es así en esta costa.
De pronto, retorcidas,
acerbas, hacinadas,
estáticos
derrumbes
o tenaces teatros,
naves y galerías
o rodantes
muñones cercenados:
es así en esta costa
el lunar roquerío,
las uvas del granito.

Manchas anaranjadas
de óxido, vetas verdes,
sobre la paz calcárea
que golpea la espuma con sus llaves
o el alba con su rosa
y son así estas piedras:
nadie sabe
si salieron del mar o al mar regresan,
algo
las sorprendió
mientras vivían,
en la inmovilidad se desmayaron
y construyeron una ciudad muerta.

Una ciudad sin gritos,
sin cocinas,
un solemne recinto
de pureza,
formas puras caídas
en un desorden sin resurrecciones,
en una multitud que perdió la mirada,
en un gris monasterio condenado
a la verdad desnuda de sus dioses.

THEATER OF THE GODS

It is like this on the coast.
Suddenly, contorted,
harsh, piled up,
static,
collapsing,
either tenacious theaters,
or ships and corridors
or rolling
severed limbs:
it is like this on the coast,
the rocky lunar slope,
the grapes of granite.

Orange stains
of oxide, green seams,
above the calcareous peace,
that the seafoam strikes with its keys
or dawn with its rose
these stones are like this:
no one knows
if they came from the sea or will return to the sea,
something
astonished them
while they lived,
and they faltered in the stillness
and constructed a dead city.

A city without cries,
without kitchens,
a solemn ring
of purity,
tumbling pure shapes
in a confusion without resurrection,
in a crowd that lost its vision,
in a grey monastery condemned
to the naked truth of its gods.

EL LEON

Un gran león llegó de lejos:
era grande como el silencio,
tenía sed, buscaba sangre,
y detrás de su investidura
tenía fuego como una casa,
ardía como un monte de Osorno.

No encontró más que soledad.
Rugió de haranño, de hambriento:
sólo podía comer aire,
espuma impune de la costa,
heladas lechugas del mar,
aire de color de pájaro,
inaceptables alimentos.

Triste león de otro planeta
traído por la alta marea
a los islotes de Isla Negra,
al archipiélago de sal,
sin más que un hocico vacío,
unas garras desocupadas
y una cola como un plumero.

Fue sintiendo todo el ridículo
de su contextura marcial
y con los años que pasaban
se fue arrugando de vergüenza.
La timidez lo llevó entonces
a las arrogancias peores
y fue envejeciendo como uno
de los leones de la Plaza,
se fue convirtiendo en adorno
de escalinata, de jardín,
hasta enterrar la triste frente,
clavar los ojos en la lluvia,
y quedarse quieto esperando
la justicia gris de la piedra,
la hora de la geología.

THE LION

A great lion arrived from afar:
it was huge as silence,
it was thirsty, seeking blood,
and behind his investiture,
he had fire like a house,
it burned like a mountain of Osorno.

It found only solitude.
It roared of shyness and hunger:
it could eat only air,
seafoam unpunished by the coast,
frozen sea lettuce,
breeze the color of birds,
unappealing nourishment.

Melancholy lion from another planet
cast up by the high tide
to the small rocky islands of Isla Negra,
the salty archipelago,
with no more than an empty snout,
idle claws
and a tail of ragged feathers.

It felt all the ridicule
of its warlike appearance
and with the passing years
it wrinkled in shame.
Its fear then brought on
the worst arrogance
and it went on growing old like one
of the lions in the Plaza,
it transformed into an ornament
for a stone staircase or garden,
until it buried its sad forehead,
fixed its eyes on the rain,
and remained quiet hoping for
the grey justice of stone,
its geologic hour.

DUERME EL BISONTE

Suave es su sueño, sueña
con bosques ahora también petrificados

su belfo es sólo línea

su cuello es encrespado vegetal,

sus cuernos se los llevó el viento

con ellos despierta a la aurora.

THE BISON SLEEPS

Gentle is his sleep, dream

now with forests also petrified

his blubbery lip is only a line,

his neck a rough vegetable,

his horns were carried away by the wind

and with them dawn awakens.

YO VOLVERE

Alguna vez, hombre o mujer, viajero,
despué́s, cuando no viva,
aquí́ buscad, buscadme
entre piedra y océano,
a la luz proceleria
de la espuma.
Aquí́ buscad, buscadme,
porque aquí́ volveré́ sin decir nada,
sin voz, sin boca, puro,
aquí́ volveré́ a ser el movimiento
del agua, de
su corazón salvaje,
aquí́ estaré́ perdido y encontrado:
aquí́ seré́ tal vez piedra y silencio.

I WILL RETURN

Some other time, man or woman, traveler,
later, when I am not alive,
look here, look for me
between stone and ocean,
in the light storming
through the foam.
Look here, look for me,
for here I will return, without saying a thing,
without voice, without mouth, pure,
here I will return to be the churning
of the water, of
its unbroken heart,
here, I will be discovered and lost:
here, I will, perhaps, be stone and silence.

DONDE CAYO EL SEDIENTO

Túmulos del desierto.

Aquí cayó a la muerte
el caminante,
aquí terminó el viaje
y el viajero.
Todo era sol, todo era sed y arena.
No pudo más y se volvió silencio.

Luego pasó el que sigue
y al caído
saludó
con una piedra,
con la piedra sedienta del camino.

Oh corazón de polvo espolvoreado,
en polva del desierto convertido,
corazffloon caminante y compañero,
tal vez, de salitrales y trabajos,
tal vez de las amargas minerías,
saliste, echaste a andar por las arenas,
por la sal del desierto, con la arena.

Ahora una piedra y otra
aquí erigieron
un monumento al héroe fatigado,
al que no pudo más y dejó los dos pies,
luego las piernas, luego la mirada,
la vida en el camino de la arena.

Ahora una piedra vino,
voló un recuerdo duro,
llegó una piedra suave,
y el túmulo del hombre en el desierto
es un puño de piedra solidaria.

WHERE THE THIRSTY FELL

Hips of stone in the desert.

Here the walker fell
on death.
Here ended the journey
and the traveler.
Everything was sun, everything was thirst and sand.
He couldn't stand it and became silent.

Then came the next one
and he greeted
the fallen one
with a stone,
with a thirsty stone from the road.

O heart of scattered dust,
transformed into desert dust,
traveler and companion heart,
perhaps, of nitrate mines and works,
perhaps of the bitter mining,
you left and took to the road in the sand,
by the desert salt, with the sand.

Now a stone and another
erected here
a monument to the tired hero,
who couldn't stand it and abandoned his two feet,
then his legs, then his gaze,
life on the road of sand.

Now a stone came,
a harsh memory flew,
a smooth stone arrived,
and the tomb of the man in the desert
is a fist of solidarity in stone.

EL RETRATO EN LA ROCA

Yo sí lo conocí, viví los annos
con él, con su substancia de oro y piedra,
era un hombre cansado:
dejó en el Paraguay su padre y madre,
sus hijos, sus sobrinos,
sus últimos cuñados,
su puerta, sus gallinas,
y algunos libros entreabiertos.
Llamaron a la puerta.
Cuando abrió lo sacó la policía,
y lo apalearon tanto
que escupió sangre en Francia, en Dinamarca,
en España, en Italia, trajinando,
y así murió y dejé de ver su cara,
dejé de oir su hondísimo silencio,
cuando una vez, de noche con chubasco,
con nieve que tejía
el traje puro de la cordillera,
a caballo, allá lejos,
miré y allí estaba mi amigo:
de piedra era su rostro,
su perfil desafiaba la intemperie,
en su nariz quebraba el viento
un largo aullido de hombre perseguido:
allí vino a parar el desterrado:
vive en su patria convertido en piedra.

THE PORTRAIT IN THE ROCK

Yes, I knew him, I lived years
with him, with his substance of gold and stone.
He was a man who was worn down.
In Paraguay he left his father and mother,
his sons, his nephews,
his latest inlaws,
his gate, his hens
and some half-opened books.
They called him to the door.
When he opened it, the police took him
and they beat him up so much
that he spat blood in France, in Denmark,
in Spain, in Italy, traveling,
and so he died and I stopped seeing his face,
stopped hearing his profound silence.
Then once, on a stormy night,
with snow weaving
a pure coat on the mountains,
a horse, there, in the distance,
I looked and there was my friend:
his face was formed in stone,
his profile defied the wild weather,
in his nose the wind was muffling
the howls of the persecuted.
There the man driven from his land returned:
here in his country, he lives, transformed into stone.

LA GRAN MESA DE PIEDRA DURA

A la mesa de piedra llegamos
los niños de Lota, de Quepe,
de Quitratúe, de Metrenco,
de Rangquilco, de Selva Oscura,
de Yumbel, de Yungay, de Osorno.

Nos sentamos junto a la mesa,
a la mesa fría del mundo,
y no nos trajo nadie nada,
todo se había terminado,
se lo habían comido todo.

Un solo plato está esperando
sobre la inmensa mesa dura,
del mundo y su vasto vacío:
y todavía un niño espera,
él es la verdad de los sueños,
él es la esperanza terrestre.

THE GREAT STONE TABLE

We arrive at the great stone table
the children of Lota, Quepe,
Quitratue and Metrenco.
Of Ranquilco, Selva Oscura,
Yumbel, Yungay and Osorno.

We sit by the table,
the cold table of the world
and no one has brought us anything.
Everything was consumed,
they had eaten all of it.

One plate alone remains, waiting
on the immense hard table
of the world and the void.
Still a child waits
who is the truth of every dream,
who is the hope of our earth.

LA NAVE

Íbamos y subíamos: el mundo
era un sediento mediodía,
no temblaba el aire, no existían las hojas,
el agua estaba lejos.

La nave o proa entonces
surgió de los desiertos,
navegaba hacia el cielo:
una punta de piedra dirigida
hacia el insorportable infinito,
una basílica cerrada
por los dioses perdidos
y allí estaba la proa, flecha o nave
o torre tremebunda,
y para la fatiga,
la sed, la polvorienta,
la sudorosa estirpe
del hombre que subía
las cordilleras duras,
ni agua ni pan ni pasto,
sólo una roca grande que subía,
sólo la nave dura de la piedra y la música.

Hasta cuando? grité, gritamos.
Ya nos mató la madrecita tierra
con su cactus férreo,
con su maternidad ferruginosa,
con toda este desierto,
sudor, viento y arena,
y cuando ya llegábamos
a descansar envueltos en vacío
una nave de piedra
quería aún embarcarnos
hacia donde sin alas
no se puede volar
sin haber muerto.

46

THE SHIP

We walked and climbed: the world
was a parched noon,
the air didn't tremble, the leaves didn't exist,
the water was far away.

The boat or prow then
rose from the deserts
and sailed towards the sky:
a point of stone guided
towards the unbearable infinity,
a closed palace
for the lost gods.
And there was the prow, the arrow, the ship
or dreadful tower,
and for the toiling,
the thirsty, the dusty,
the sweating race
of man that climbed
the difficult hills,
neither water nor bread nor pasture,
only a large rock that rose,
only a stubborn boat of stone and music.

For how long? I cried out, we shouted.

Finally mother earth killed us
with its harsh cactus,
with its ironous maternity,
with all this desert,
sweat, wind and sand,
and when we finally arrived
to rest, wrapped in void,
a boat of stone
still wanted to ship us
toward where, without wings,
we couldn't fly
without dying.

Esto pasó cuando íbamos cansados
y la cordillera era dura,
pesada como una cadena.

Sólo hasta allí llegó mi viaje:
más allá empezaba la muerte.

This we endured when we were tired
and the mountain range was hard,
heavy as a chain.

Only then, my journey ended, here:
beyond, where death began.

LA NAVE HIRSUTA

Nave de las espinas,
perforada
como el pecho del hombre
en la navegación de los dolores,
bandera
que acribilló
con su batalla
el tiempo
y luego
se trizó, dejó en las grietas
el invierno calcáreo,
nieve,
nieve de piedra,
nieve de piedra loca y solitaria,
entonces
el cactus del Pacífico
depositó sus nidos,
su cabellera eléctrica de espinas.
Y el viento amó esta nave
inmóvil y volando
le otorgó sus tesoros:
la barba de las islas
un susurro de frío,
la convirtió en panal para las áquilas,
solicitó sus velas
para que el mar sintiera
pasar la piedra pura de ola en ola.

THE RUGGED SHIP

Boat of thorns
pierced
like the breast of a man
in a voyage of pain,
banner
that pierced
time
with its struggle
and later
waving in and out, left in the cracks
the calcareous winter,
snow,
snow of stone,
snow of mad and solitary stone,
then
the cactus of the Pacific
deposited its nests,
its electric hair of thorns.
And the wind loved this immovable
ship and flying swiftly
it granted its treasures:
the beard of the islands,
a cold whisper,
changed into a honeycomb for eagles,
and asked for its sails
so that the sea could feel
the pure stone passing from wave to wave.

LA CREACION

Aquello sucedió en el gran silencio
cuando nació la hierba,
cuando recién se desprendió la luz
y creó el bermellón y las estatuas,
entonces
en la gran soledad
se abrió un aullido,
algo rodó llorando,
se entreabrieron las sombras, subió solo
como si sollozaran los planetas
y luego el eco
rodó de tumbo en tumbo
hasta que se calló lo que nacía.

Pero la piedra conservó el recuerdo.

Guardó el hocico abierto de las sombras,
la palpitante espada del aullido,
y hay en la piedra un animal sin nombre
que aún aulla sin voz hacia el vacío.

THE CREATION

That happened in the great silence
when grass was born,
when light had just detached itself
and created the vermillion and the statues,
then
in the great solitude
a howl began,
something rolled crying,
the shadows half-opened, rising alone
as if the planets sobbed
and then the echo
rolled, tumbling and tumbling
until what was born was silent.

But stone preserved the memory.

It guarded the opened snout of the shadows,
the trembling sword of the howl,
and there is in the stone an animal without name
that still howls without voice toward the emptiness.

LA TUMBA DE VICTOR HUGO EN ISLA NEGRA

Una piedra entre todas,
losa lisa,
intacta como el orden
de un planeta
aquí en las soledades
se dispuso,
y la lamen las olas
las espumas la bañan,
pero emerge
lisa, solemne, clara,
entre el abrupto y duro roquerío,
redondeado y serena,
oval, determinada
por majestuosa muerte
y nadie sabe quién duerme rodeado
por la insondable cólera marina,
nadie lo sabe, sólo
la luna del albatros,
la cruz del cormorán, la pata dura
del pelícano, sólo
lo sabe el mar, sólo lo sabe
el triste trueno verde de la aurora.

Silencio, mar! Calladas
recen su padrenuestro las espumas,
alargue el alga larga sus cabellos,
su grito húmedo
apague
la gaviota:
aquí yace,
aquí por fin tejido
por un gran monumento despeñado
su canto se cubrió con la blancura
del incesante mar y sus trabajos,
y enterrado en la tierra,
en la fragancia
de Francia fresca y fina

THE TOMB OF VICTOR HUGO ON ISLA NEGRA

One stone among all,
smooth gravestone,
undisturbed like the proportion
of a planet
here in the solitudes
it was ordained,
and the waves lap at it,
the seafoam washes it,
but it emerges
smooth, imposing, clear,
among the rugged and hard rocks,
round and serene,
oval, resolute
by majestic dead
and no one knows who sleeps surrounded
by the unfathomable coastal fury,
no one knows, only
the albatross moon,
the cross of the cormorant, the firm leg
of the pelican, only the
sea knows it, only the
sad green thunder of dawn.

Silence, sea! Hushed
the seafoam recites the lord's prayer,
extends its long seaweed hair,
its humid cry
extinguishes
the seagull:
here lies the grave,
here finally woven
for a craggy monument hurling
its song to cover itself with whiteness
of the incessant sea and its labors,
and buried in the earth,
in the fragrance
of France cool and subtle

navegó su materia,
entregó al mar su barba submarina,
cruzó las latitudes,
buscó entre las corrientes,
atravesó tifones y caderas
de archipiélagos puros,
hasta que las palomas torrenciales
del Sur del mar, de Chile,
atrajeron los pasos tricolores
del espectro nevado
y aquí descansa, solo
y desencadenado:
entró en la turbulenta claridad,
besado por la sal y la tormenta,
y padre de su propia eternidad
duerme por fin, extenso,
recostado en el trueno intermitente,
en el final del mar y sus cascadas,
en la panoplia de su poderío.

sailing its matter,
surrendering to the sea its submerged beard,
crossing latitudes,
searching among the currents,
passing through typhoons and hips
of pure archipelagoes,
until the torrential doves
of the South Sea of Chile,
attracted the tricolored steps
of the snowy phantom
and here it rests, alone
and liberated:
entering the turbulent light,
kissed by salt and storm,
and father of its own eternity
sleeping finally, outstretched,
reclining in the intermittent thunder,
at the end of the sea and its cascades,
in the sails of its own power.

LOS TRES PATITOS

Hace mil
veces
mil
años
más uno
voló un patito claro
sobre el mar.
Fue a descubrir las islas.
Conversar quiso
con el abanico
de la palmera,
con las hojas
del plátano, comer
pepitas tricolores
de archipiélago,
entrar en matrimonio
y fundar
hemiferios poblados
por los patos.
En los silvestres manantiales
quiso
establecer lagunas
ennoblecidas por los asfodelos.
Se trataba sin duda
de un exótico pato
perdido
en medio
de los matorrales
espumosos de Chile.

Cuando
voló
como saeta
sus dos hermanos
lloraron
lágrimas
de piedra.

THE THREE DUCKLINGS

A thousand
times
a thousand
years ago
plus one
a bright duckling flew
over the sea.
He went to discover the islands.
He wanted to talk
with the fan
of the palm tree,
with the leaves
of the banana, to eat
the tricolored seeds
of the archipelago,
to be married
and establish
hemispheres populated
by ducks.
In the wild springs
he wanted
to establish lagoons
dignified with day lilies.
He was an exotic duck
to be
lost
in the middle
of the foamy
thickets of Chile.

When
he flew
like an arrow
his two brothers
cried
tears
of stone.

Él las oyó
caer
en su vuelo,
en la mitad del círculo
del agua,
en el ombligo
central
del gran océano
y volvió.

Pero
sus hermanos
eran
ya
sólo
dos estatuas
oscuras
de granito,
pues
cada lágrima
los hizo piedra:
el llanto
sin medida
petrificó
el dolor
en monumento.

Entonces, el errante
arrepentido
arrebujó sus alas
y sus sueños,
durmió con sus
hermanos
y poco a poco el mar,
la sal
el cielo,
detuvieron en él su escalofrío
hasta que fue también
pato de piedra.

He heard them
fall
in his flight,
in the middle of the circle
of water,
in the central
navel
of the great ocean
and he returned.

But
his brothers
were
now
only
two obscure
stones
of granite,
since
each tear turned
into stone:
the weeping
without measure
petrified
the pain
into a monument.

Then, the wandering
repentant
huddled together his wings
and his dreams,
slept with his
brothers
and slowly the sea,
salt,
and sky,
imprisoned him in his shivering
until he was again
a duck of stone.

Y ahora
como
tres
naves
navegan
tres patos
en el tiempo.

And now
like
three
ships
sailing,
three ducks
in time.

LA TORTUGA

La tortuga que
anduvo
tanto tiempo
y tanto vió
con
sus
antiguos
ojos,
la tortuga
que comió
aceitunas
del más profundo
mar,
la tortuga que nadó
siete siglos
y conoció
siete
mil
primaveras,
la tortuga
blindada
contra
el calor
y el frío,
contra
los rayos y las olas,
la tortuga
amarilla
y plateada,
con severos
lunares
ambarinos
y pies de rapiña,
la tortuga
se quedó
aquí
durmiendo,
y no lo sabe.

THE TURTLE

The turtle that
has walked
so long
and seen so much
with
his
ancient
eyes,
the turtle
that fed on
olives
of the deep
sea,
the turtle that has swum
for seven centuries
and known
seven
thousand
springs,
the turtle
shielded
against
the heat
and cold,
against
the rays and waves,
the turtle
of yellow
and silver,
with stern
lunar
amber
and rapine feet,
the turtle
remains
here
asleep,
and doesn't know it.

De tan vieja
se fue
poniendo dura,
dejó
de amar las olas
y fue rígida
como una plancha de planchar.
Cerró
los ojos que
tanto
mar, cielo, tiempo y tierra
desafiaron,
y se durmió
entre las otras
piedras.

The old man
assumed
a hardness,
abandoned
the love of waves
and became rigid
as an iron plate.

Closing
the eyes that
have dared
so much
ocean, sky, time and earth,
and now, he sleeps
among the other
rocks.

EL CORAZON DE PIEDRA

Mirad,
éste
fue el corazón
de una sirena.
Irremediablemente
dura
venía a las orillas
a peinarse
y jugar a la baraja.
Juraba
y escupía
entre las algas.
Era la imágen
misma
de aquellas
infernales
taberneras
que
en los cuentos
asesinan
al viajero cansado.

Mataba a sus amantes
y bailaba
en las olas.

Así
fue transcurriendo
la malvada
vida de la sirena
hasta
que su feroz
amante marinero
la persiguió
con harpón y guitarra
por todas las espumas,
más allá
de los más
lejanos archipiélagos,

THE HEART OF STONE

Look,
this
was the heart
of a siren.
Helplessly
hard
she came to the shores
to comb her hair
and play a game of cards.
Swearing
and spitting
among the seaweed.
She was the image
herself
of those
hellish
barmaids
that
in stories
murdered
the weary traveler.

She killed her lovers
and danced
in the waves.

And so,
time passed in
the wicked
life of the siren
until
her fierce
lover, the sailor
pursued her
with harpoon and guitar
through all the seafoam,
farther
than the most
distant archipelagoes,

y cuando
ya en sus brazos
reclinó
la frente biselada
el navegante
le dió
un últimto beso
y justiciera muerte.

Entonces, del navió
descendieron
los capitanes
muertos,
decapitados
por
aquella
traidora
sirena,
y con alfanje,
espada,
tenedor
y cuchillo,
sacaron
el corazón de piedra
de su pecho
y junto al mar
lo dejaron
anclado,
para
que así se eduquen
las pequeñas
sirenas
y aprendan
a comportarse
bien
con
los
enamorados
marineros.

and when
she reclined
in his arms
the sailor
gave her
his beveled point,
a final kiss
and a justified death.

Then, from the ship,
the dead
commanders
descended,
beheaded
by
that
treacherous
siren,
and with cutlass,
sword,
fork
and knife,
pulled out
the heart of stone
from her chest,
and, near the sea,
it was allowed
to anchor,
in order that
it could teach
the little
sirens
to learn
to behave
properly
with
the
enamored
sailors.

AL AIRE EN LA PEIDRA

En la peña desnuda
y en el pelo
aire
de piedra y ola.
Todo cambió de piel hora por hora.
La sal fue luz salada,
el mar abrió
sus nubes,
el cielo
despeñó su espuma verde:
como una flor
clavada en una
lanza de oro
el día resplandece:
todo
es
campana, copa
vacío que se eleva,
corazón transparente,
piedra
y
agua.

AIR IN THE STONE

On the naked cliff
and in the hair
air
of rock and wave.
All changing skin hour by hour.
The salt becomes brine-soaked light,
the sea opens
its clouds,
and the sky
hurls green foam.
The brilliant day
is like a flower
driven into
a golden lance.
All
is
bell, cup,
emptiness, raising
the transparent heart
of stone
and
water.

A UNA PEÑA ARRUGADA

Una piedra arrugada
y alisada
por el mar, por el aire,
por el tiempo.
Una piedra gigante, estremecida
por un ciclón, por un volcán,
por una
noche de espumas y guitarras negras.

Sólo una
piedra
soberana
en medio
del tiempo y de la tierra,
victoria
de la inmovilidad, de la dureza,
seria como los astros
frente
a todo
lo que se mueve,
sola,
profunda, espesa y pura.

Oh estatua solitaria
levantada
en la arena!
Oh volumen desnudo
donde trepan
lagartos cenicientos
que beben
una copa
de rocío
en el alba,
piedra
contra la espuma,
contra el cambiante cielo,
contra la primavera.

TO A WRINKLED BOULDER

A wrinkled stone
polished
by sea, by air,
by time.
A giant rock, shaken
by a cyclone, by a volcano,
by a night
of seafoam and black guitars.

Only a
royal
stone
in the middle
of time and earth,
triumph
of immovability, of harshness,
majestic like the stars
facing
all
that stirs,
alone
profound, dense and pure.

O solitary statue
rising
from the sand!
O naked bulk
where ash-colored
lizards climb,
that drink
a goblet
of dew
in the dawn,
stone
against seafoam,
against changing sky,
against spring.

Piedra infinita levantada por
las manos puras de la soledad
en medio de la arena!

Infinite stone erected by
the pure hands of solitude
in the middle of the sand!

LAS PIEDRAS Y LOS PAJAROS

Aves del Sur del Mar,
descansad,
es la hora
de la gran soledad, la hora de piedra.
Conocí cada nido,
la habitación huraña
del errante,
amé su vuelo antártico,
la rectitud sombría de las remotas aves.

Ahora, descansad
en el anfiteatro
de las islas:
no más, no puedo
conversar con vosotras,
no hay
      cartas, no hay
               telégrafo
entre poeta y pájaro:
hay música secreta,
sólo secretas alas,
plumaje y poderío.

Cuánta distancia y ávidos
los ojos de oro cruel
acechando la plata fugitiva!

Con las alas cerradas
desciende un meteoro,
salta en su luz la espuma,
y el vuelo otra vez sube,
sube a la altura con un pez sangriento.

THE STONES AND THE BIRDS

Birds of the South Sea,
resting,
it is the hour
of great solitude, the hour of stone.
I knew every nest,
the unsociable lodging

of the nomadic,
I loved your Antarctic flight,
the somber accuracy of the remote birds.

Now, rest
in the amphitheater
of the islands:
no longer can I
talk with you,
there are no
        letters, there is no
                        telegraph
between poet and bird:
there is secret music,
only hidden wings,
plumage and power.

How much distance and greed
awaited the cruel gold eyes
of the silver fugitive!

With closed wings
a meteor descended,
exploding in your seafoam light,
and the flight again ascended,
climbing to the heights with a bloody fish.

Desde los archipiélagos de Chile,
allí donde la lluvia
estableció su patria,
vienen cortando el cielo
las grandes alas negras,
y dominando
territorio y distancias
del invierno,
aquí en el continente
de piedra solitaria,
amor, estiércol, vida,
habéis dejado,
aves aventureras
de piedra y mar y de imposible cielo.

From the Chilean Archipelago,
there, where rain
established its home,
great black wings
came cutting the sky,
and dominating
the territories and distances
of winter,
here on the continent
of solitary stone,
love, manure, life,
all that is left,
adventurous birds
of stone, sea and impossible sky.

AL CAMINANTE

No son tan tristes estas piedras.
Adentro de ellas vive el oro,
tienen semillas de planetas,
tienen campanas en el fondo,
guantes de hierro, matrimonios
del tiempo con las amatistas:
por dentro ríen con rubíes,
se alimentaron de relámpagos.

Por eso, viajero, cuidado
con las tristezas del camino,
con los misterios en los muros.

Me ha costado mucho saber
que no todo vive por fuera
y no todo muere por dentro,
y que la edad escribe letras
con agua y piedra para nadie,
para que nadie sepa dónde,
para que nadie entienda nada.

TO THE TRAVELLER

These stones aren't sad.
Within them lives gold,
they have the seeds of planets,
they have bells in their depths,
gloves of iron, marriages
of time with the amethysts:
on the inside laughing with rubies,
nourishing themselves from lightning.

Because of this, traveller, pay attention
to the hardships of the road,
to mysteries on the walls.

I know this at great cost,
that all life is not outward
nor all death within,
and that the age writes letters
with water and stone for no one,
so that no one knows,
so that no one understands anything.

LA TIERNA MOLE

No tengas miedo al rostro implacable
que terremotos e intemperie
labraron, hierbas marítimas,
pequeñas plantas color de
                estrella
subieron por el cuello duro
de la montaña desafiante.

El ímpetu, el rapto, la ira,
se detuvieron con la piedra,
y cuando fue a saltar la forma
disparada hacia los planetas,
plantas terrestres florecieron
en sus arrugas de granito
y se quedó con la ternura.

THE TENDER BULK

Don't be frightened by the relentless face
that earthquakes and bad weather
have carved, sea grasses,
small plants the color of a
                    star
raised by the stubborn neck
of the defiant mountain.

The impulse, the ecstasy, the anger,
stayed within the stone,
and when the form exploded
into the planets,
earthly plants flowered
in its wrinkles of granite
and a tenderness remained.

PAJARO

El pájaro, pájaro, pájaro:
pájaro, vuela, pajarón,
huye a tu nido, sube al cielo,
picotea las nubes de agua,
atraviesa la plena luna,
el plenisol y las distancias
con tu plumaje de basalto
y tu abdomen de plumapiedra.

BIRD

The bird, bird, bird:
bird, flying, bird,
escape to your nest, climb to the sky,
peck the clouds of water,
cross the full moon,
the brilliant sun and the distances
with your plumage of basalt
and your abdomen of stone feathers.

PEIDRAS PARA MARIA

Las piedrecitas puras,
olivas ovaladas,
fueron antes
población
de las viñas
del océano,
racimos agrupados,
uvas de los panales
sumergidos:
la ola las desgranaba,
caían en el viento,
rodaban al abismo abismo abismo
entre lentos pescados,
sonámbulas medusas,
colas de lacerantes tiburones,
corvinas como balas!
las piedras transparentes,
las suavísimas piedras,
peidrecitas,
resbalaron
hacia el fondo del húmedo reinado,
más abajo, hacia donde
sale otra vez el cielo
y muere el mar sobre sus alcachofas.

Rodaron y rodaron
entre dedos y labios submarinos
hasta la suavidad inacabable,
hasta ser sólo tacto,
curva de copa suave,
pétalo de cadera.
Entonces arreció la marejada
y un golpe de ola dura,
una mano de piedra
aventó los guijarros,
los desgranó en la costa
y allí en silencio desaparecieron:

STONES FOR MARIA

The pure pebbles,
oval olives,
were once
inhabitants
of the ocean's
vines,
clusters
of grapes
in submerged honeycombs:
The waves picked them,
felled by wind,
rolling in the abyss
among slow-moving fish
and sleepwalking jellyfish,
tails of lacerated sharks,
eels like bullets!
Transparent stones,
smooth stones,
pebbles,
sliding towards
the bottom of humid regions,
far below, near where
the sky reemerges
and the sea dies above its artichokes.
Rolling and rolling
among the fingers and lips underwater
down to the smooth interminable,
until they were only touch,
curve of the smooth cup,
petal of the hip.
Then the surf grew stronger
and a beat of hard wave,
a hand of stone
winnowed cobbles
sifted them along the coast
and then disappeared in silence.

pequeños dientes de ambar,
pasas de miel y sal, porotos de agua,
aceitunas azules de la ola,
almendras olvidadas de la arena

Piedras para María!
Piedras de honor para su laberinto!

Ella, como una araña
de piedra transparente,
tejerá su bordado,
hará de piedra pura su bandera,
fabricará con piedras plateadas
la estructura del día,
con piedras azufradas
la raíz de un relámpago perdido,
y una por una subirá a su muro,
al sistema, al decoro, al movimiento,
la piedra fugitiva,
la uva del mar ha vuelto a los racimos,
trae la luz de su estupenda espuma.

Piedras para María!

Ágatas arrugadas de Isla Negra,
sulfúricos guijarros
de Tocopilla, como estrellas rotas,
caídas del infierno mineral,
piedras de La Serena que el océano
suavizó y luego estableció en la altura,
y de Coquimbo el negro poderío,
el basalto rodante
de Maitencillo, de Toltén, de Niebla,
del vestido mojado
de Chiloé marino,
piedras redondas, piedras como huevos
de pilpilén austral, dedos traslúcidos
de la secreta sal, del congelado
cuarzo, o durísima herencia
de Los Andes, naves
y monasterios
de granito.

Small amber teeth,
raisins of honey and salt, beans of water,
blue olives of the wave,
forgotten almonds in the sand.

Stones for Maria!
Stones of honor for her labyrinth!

She, like a spider
of transparent stone,
will weave her embroidery,
make her banner of pure stone,
fabricate, with silvery stones,
the structure of the day;
with sulfurous stones,
the root of a lost lightning flash,
and one by one will climb to her wall,
to the pattern, to the honesty, to the motion,
the fugitive stone,
the grape of the sea has returned to the clusters,
wearing the light of her seafoam full of wonder.

Stones for Maria!

Wrinkled agates of Isla Negra,
sulfurous stones
of Tocopilla, like shattered stars,
decending from hellish mineral,
stones of La Serenta that the ocean
smoothed and then settled in the heights,
and from Coquimbo the black power,
the rolling basalt
of Maitencillo, of Tolten, of Niebla,
the wet dress
of the Chiloe seashore,
round stones, stones like eggs
of southern birds, translucent fingers
of the secret salt, of frozen
quartz, or enduring heritage
of the Andes, boats
and monasteries
of granite.

Alabadas
las piedras
de María,
las que coloca como abeja clara
en el panal de su sabiduría:
las piedras
de sus muros,
del libro que construye
letra por letra,
hoja por hoja
y piedra a piedra!
Hay que ver y leer esta hermosura
y amar sus manos
de cuya energía
sale, suavísima,
una
lección
de piedra.

Praise
the stones
of Maria,
those that she arranged like a crystal bee
in the honeycomb of her wisdom:
the stones
of its walls,
of the book that is built
letter by letter,
leaf by leaf,
and stone by stone!
It is necessary to see and read this beauty
and I love its hands
from whose power
appears, gently,
a
lesson
of stone.

PIEDRAS ANTARTICAS

Allí termina todo
y no termina:
allí comienza todo:
se despiden los ríos en el hielo,
el aire se ha casado con la nieve,
no hay calles ni caballos
y el único edificio
lo construyó la piedra.
Nadie habita el castillo
ni las almas perdidas
que frío y viento frío
amedrentaron:
es sola allí la soledad del mundo,
y por eso la piedra
se hizo música,
elevó sus delgadas estaturas,
se levantó para gritar o cantar
pero se quedó muda.
Sólo el viento,
el látigo
del Polo Sur que silba,
sólo el vacío blanco
y un sonido de pájaros de lluvia
sobre el castillo de la soledad.

ANTARCTIC STONES

There all ends
and doesn't end:
there all begins:
rivers and ice part,
air is married to snow,
there are no streets or horses
and the only building
stone built.
No one inhabits the castle
not even the lost souls
that the cold and frigid wind
frightened:
the solitude of the world alone is there,
and so the stone
became music,
lifting its slender heights,
raising itself to cry or sing
but it remained silent.
Only the wind,
the whip
of the South Pole, whistled,
only the white void
and a noise of rain birds
around the castle of solitude.

NADA MAS

De la verdad fui solidario:
de instaurar luz en la tierra.

Quise ser común como el pan:
la lucha no me encontró ausente.

Pero aquí estoy con lo que amé,
con la soledad que perdí:
junto a esta piedra no reposo.

Trabaja el mar en mi silencio.

NOTHING MORE

I stood by truth:
to establish light in the land.

I wanted to be common like bread:
so when the struggle came she wouldn't find me missing.

But here I am with what I loved,
with the solitude I lost:
but by this stone I don't rest.

The sea works in my silence.

ABOUT THE TRANSLATOR

Dennis Maloney is a poet, translator, landscape architect and editor. His other books of translation include *Dusk Lingers: Haiku of Issa; Naked Music: Poems of Juan Ramon Jimenez; The Landscape of Soria* by Antonio Machado; and *Night Fading to Pale Rose* by Yosano Akiko (with Hide Oshiro). He also co-translated and edited *Windows That Open Inward: Images of Chile*, poems by Pablo Neruda and photographs by Milton Rogovin, and the forthcoming *Selected Poems and Prose of Juan Ramon Jimenez*. He presently is completing work on *Tangled Hair: Love Poems of Yosano Akiko*, co-translated and illustrated by Hide Oshiro which will appear in the fall. Several volumes of his own work have been published including *Rimrock, Pine Hut Poems* and the forthcoming *Sitting in Circles*, a bilingual English-Japanese collection of his work.